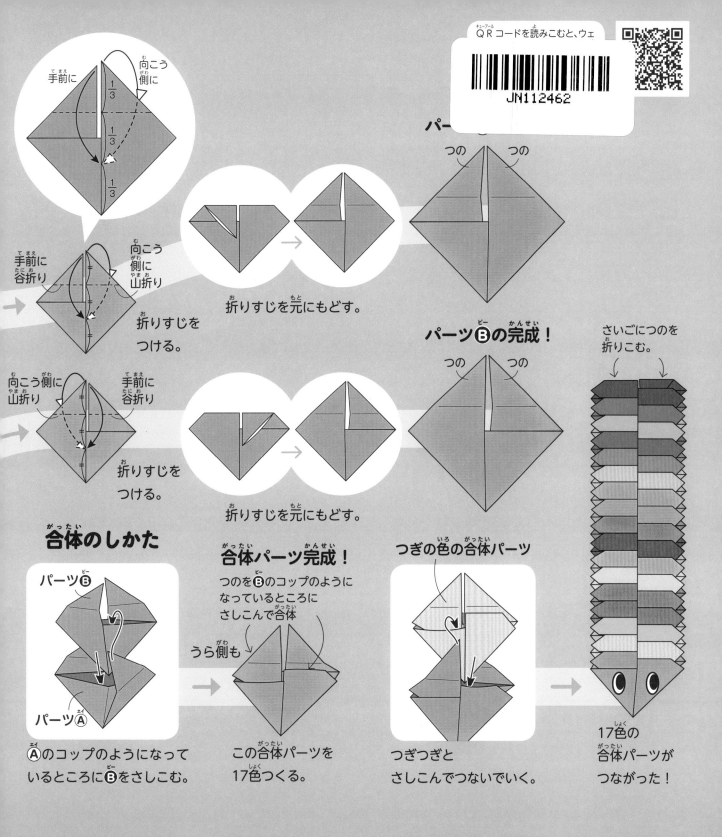

QRコードを読みこむと、ウェ

JN112462

手前に
向こう側に
$\frac{1}{3}$
$\frac{1}{3}$
$\frac{1}{3}$

手前に
谷折り
向こう側に
山折り
折りすじをつける。

折りすじを元にもどす。

つの つの

手前に
谷折り
向こう側に
山折り
折りすじをつける。

折りすじを元にもどす。

パーツⒷの完成!

つの つの

さいごにつのを折りこむ。

合体のしかた

パーツⒷ

パーツⒶ

ⒶのコップのようになっているところにⒷをさしこむ。

合体パーツ完成!

つのをⒷのコップのようになっているところにさしこんで合体

うら側も

この合体パーツを17色つくる。

つぎの色の合体パーツ

つぎつぎとさしこんでつないでいく。

17色の合体パーツがつながった!

SDGsのきほん

パートナーシップ 目標17

著・渡邉 優

編さん・こどもくらぶ

SDGs基礎知識 ○✕クイズ

Q1 「パートナーシップ」を日本語に訳すと「友好的な協力関係」である。

Q2 MDGsには「開発のためのグローバル・パートナーシップの構築」という目標があった。

Q3 目標17のターゲット（具体的な目標）は19個あるが、この数はSDGsの17個の目標のなかでいちばん多い。

Q4 ODAの国民1人あたりの負担額がいちばん多い国は、日本である。

Q5 GNIとは、「国民総所得」のことである。

Q6 日本のODAは、国際協力機構（JICA）も中心になっておこなってきた。

Q7 開発の進んだ国の多くが南半球にあり、開発途上国の多くが北半球にあることから、先進国と開発途上国の協力を「南北協力」という。

Q8 「新興国」とは、「先進国ではないが、めざましく経済成長している国」のことである。

Q9 「BRICS」のCは、中国のことである。

Q10 開発途上国が目標達成に必要な資金や技術はじゅうぶん足りている。

答え　Q1 ○（→p10）　Q2 ○（→p11）　Q3 ○（→p12）　Q4 ✕（→p17）　Q5 ○（→p21）　Q6 ○（→p23）　Q7 ✕（→p30）　Q8 ○（→p6）　Q9 ○（→p6）　Q10 ✕（→p11）

サラマッポ！

文／渡邉優　絵／さいとう・たかを／さいとう・プロダクション

ススムくんが同級生のサヤカちゃんと
町工場の前を通ったとき、たまたま工場の
入り口でのびをしている大場のおじさんと
目があいました。

ススム「あ、大場のおじさん。
　　　　お久しぶりです」
大　場「よー、ススムくんに
　　　　サヤカちゃん。
　　　　フィリピンという国に
　　　　半年間いっていて、
　　　　先週帰ってきた
　　　　ばかりなんだ。
　　　　これ食べてごらん」

ススム「あまくておいしいね」
サヤカ「これ、何ていうの？」
大　場「マンゴーという
　　　　フィリピンのくだものだよ」

1

ススム「こんなにおいしいものがあって、フィリピンっていいな」

大　場「食べものはおいしいけど、まだ貧しくてこまってる人たちも多いんだ。

　　　　だから、ぼくたちはフィリピンで技術指導をやっていたんだ」

サヤカ「どういうこと？　技術指導って、何？」

大場「工場などで働く人がちゃんと訓練されていないと、新しい機械のつかいかたが
　　　わからなかったり、むだが多かったり、機械をこわしたりして、売れるものがつくれない。
　　　そうすると、お金が入ってこなくて貧しくなってしまう。
　　　だから、ぼくたちが実際にやってみせて、よい品物をつくれるように学んでもらうんだ」

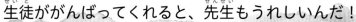
ススム「それじゃあ、大場のおじさんは先生なんですね」

大　場「そう、工場のなかでは先生役だね。
　　　　フィリピンの人たちはしっかりと技術を身につけてくれた。
　　　　生徒ががんばってくれると、先生もうれしいんだ！
　　　　これは、学校も同じだね。そうだろ？」

サヤカちゃんは「うん」と
うなずきました。
ススムくんはちょっと
こまった顔。

大　場「でもね、ぼくが教えてもらったことも
　　　　いっぱいあった」
サヤカ「大場さんも勉強したんですか？」

大場「フィリピンには貧しい人たちも多いけど、となり近所が
　　　助けあっているんだ。おばさんがとなりの子どもにお説教したり、
　　　道がへこんだら自分たちでなおしちゃったり。モノを大切にするし……。
　　　ぼくたちも見習わないといけないと思った」
ススム「ぼくも、いつか大場さんみたいに人の役に立つことをしたいな」

サヤカ「フィリピンの言葉を教えてください」
大場「サラマッポかな」
ススム・サヤカ「何それ？」
大場「ありがとう、っていう意味だよ」

世界の国ぐにを経済開発の進み具合で「先進国」「開発途上国」「新興国」の３つにわけると、それぞれが直面する課題がよく理解できます。開発途上国のなかでも、とくに国民総所得が低く経済状況がきびしい国は「後発開発途上国」(→p15) とよばれます。

新興国・BRICS

はっきりした基準はありませんが、「先進国ではないけれどめざましく経済成長している国」を新興国といいます。その代表として、「BRICS」がよく知られています。これは英語のBrazil（ブラジル）、Russia（ロシア）、India（インド）、China（中国）、South Africa（南アフリカ）の５か国の頭文字からつくられた言葉です。

●経済開発の段階による各国の分類

「世界の経済開発」

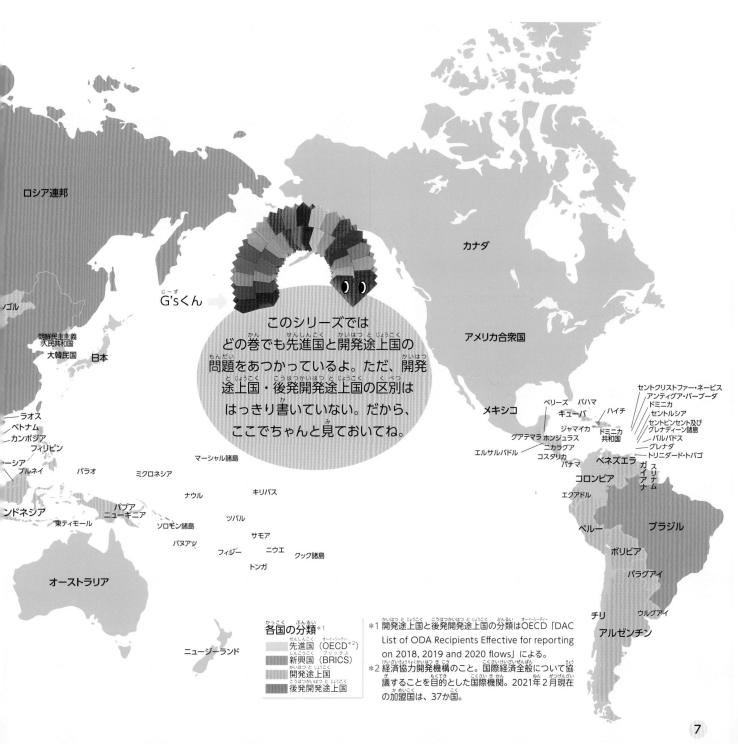

ロシア連邦

G'sくん →

このシリーズでは
どの巻でも先進国と開発途上国の
問題をあつかっているよ。ただ、開発
途上国・後発開発途上国の区別は
はっきり書いていない。だから、
ここでちゃんと見ておいてね。

カナダ

アメリカ合衆国

ンゴル

朝鮮民主主義
人民共和国
大韓民国　日本

ラオス
ベトナム
カンボジア
フィリピン
ーシア
ブルネイ　パラオ

ミクロネシア

マーシャル諸島

メキシコ

ベリーズ　バハマ
キューバ
グアテマラ ホンジュラス
ジャマイカ
エルサルバドル ニカラグア
コスタリカ
パナマ

ハイチ

ドミニカ
共和国

セントクリストファー・ネービス
アンティグア・バーブーダ
ドミニカ
セントルシア
セントビンセント及び
グレナディーン諸島
バルバドス
グレナダ
トリニダード・トバゴ

ベネズエラ
ガイアナ
スリナム

コロンビア
エクアドル

ナウル　　キリバス

ンドネシア
東ティモール

パプア
ニューギニア
ソロモン諸島

ツバル
サモア

ニウエ
クック諸島
トンガ

バヌアツ
フィジー

ペルー

ブラジル

ボリビア

パラグアイ

オーストラリア

ニュージーランド

チリ

ウルグアイ

アルゼンチン

各国の分類*1

- 先進国（OECD*2）
- 新興国（BRICS）
- 開発途上国
- 後発開発途上国

*1 開発途上国と後発開発途上国の分類はOECD「DAC List of ODA Recipients Effective for reporting on 2018, 2019 and 2020 flows」による。

*2 経済協力開発機構のこと。国際経済全般について協議することを目的とした国際機関。2021年2月現在の加盟国は、37か国。

はじめに

　みなさんは、このシリーズのタイトル「SDGs のきほん」をどう読みますか？「エスディージーエスのきほん」ではありませんよ。「エスディージーズのきほん」です。

　SDGs は、英語の SUSTAINABLE DEVELOPMENT GOALs の略。意味は、「持続可能な開発目標」です。SDG がたくさん集まったことを示すためにうしろに s をつけて、SDGs となっているのです。

　SDGs は、2015 年 9 月に国連の加盟国が一致して決めたものです。17 個のゴール（目標）と「ターゲット」という「具体的な目標」を 169 個決めました。

　最近、右のバッジをつけている人を世界のまちで見かけるようになりました。SDGs の目標の達成を願う人たちです。ところが、言葉は知っていても、「内容がよくわからない」、「SDGs の目標達成のために自分は何をしたらよいかわからない」などという人がとても多いといいます。

SDGsバッジ

　ということで、ぼくたちはこのシリーズ「SDGs のきほん」をつくりました。『入門』の巻で、SDGs がどのようにしてつくられたのか、どんな内容なのかなど、SDGs の基礎知識をていねいに見ていき、ほかの 17 巻で 1 巻 1 ゴール（目標）ずつくわしく学んでいきます。どの巻も「絵本で考えよう！ SDGs」「世界地図で見る」からはじめ、うしろのほうに「わたしたちにできること」をのせました。また、資料もたくさん収録しました。

　さあ、このシリーズをよく読んで、みなさんも人類の一員として、SDGs の目標達成に向かっていきましょう。

SDGs 子ども大学運動実行委員長

稲葉茂勝

SDGが
たくさん集まって、
SDGsだよ。

もくじ

① なぜSDGs目標17があるのか?

SDGsは、全人類の課題です。世界中の国ぐにと人びとが取りくむ必要があります。でも、世界には、自分たちだけでは目標1から16までの達成がむずかしい国もあります。それならば世界中で協力していこうと設定されたのが、目標17です。

目標17の英語の原文と日本語訳

SDGs目標17の「テーマ」*は英語で「PARTNERSHIPS FOR THE GOALS」、日本語では「パートナーシップで目標を達成しよう」です。右の通りロゴマークの上に記されています。目標の英語の原文と日本語訳は、つぎのようになっています。

- Strengthen the means of implementation and revitalize the global partnership for sustainable development
- 持続可能な開発のための実施手段を強化し、
(sustainable development) (the means of implementation) (strengthen)

  グローバル・パートナーシップを活性化する
(the global partnership) (revitalize)

目標17にうたわれた「partnership」は、日本語でも、そのままカタカナで「パートナーシップ」と表記されています。なぜなら、この言葉は、すでに日本語としてなじんでいるからです。あえて日本語にすれば「友好的な協力関係」となります。

*SDGsの各目標は、文章で書かれている。それに対し、ロゴマークの上に書かれた短い言葉がある。それを「テーマ」とよんでいる。

誰一人取り残さない

SDGsは先進国も開発途上国も取りくむべきものですが、開発途上国は先進国とくらべて目標の達成がむずかしいといわれています。なぜなら、開発途上国には目標達成に必要な資金や技術・技術者などが不足しているからです。

SDGsでは「誰一人取り残さない」(→『入門』の巻)といっています。これは、目標達成に困難をかかえる開発途上国を、先進国が政府開発援助(ODA→p30)などで積極的に支援することで実現できます。目標17は、「開発途上国が持続可能な開発に必要な資金を得て、必要な技術を身につけ、必要な能力を高めていくことや、活発な貿易を通じて開発途上国が豊かになること」をめざすものだということができます。

2015年9月の国連総会。全加盟国が一致し、2030年までに達成すべき目標としてSDGsが採択された。

MDGsの目標8個×2+1

SDGsが2015年に決まる前には、世界は「ミレニアム開発目標」(MDGs→『入門』の巻)という目標をかかげていました。MDGsは「極度の貧困と飢餓の撲滅」など、開発途上国の開発をめざすべく8つの目標をかかげ、2000年にスタートしました。結果、世界のODAが66%増加し、極度の貧困が全人口の36%(1990年)から12%(2015年)までへりました。HIV*感染も40%へるなどの成果をあげました。でも、開発途上国の問題は完全に解消されませんでした。しかも、気候変動など、先進国もふくめて世界全体で取りくむべきさまざまな問題がどんどん深刻になり、SDGsがかかげられたのです。MDGsの目標数は8個でしたが、SDGsの目標数は2倍の16個と、それらをつらぬく目標17を加えた、合計17個となりました。

●MDGsの8つの目標

 目標1:極度の貧困と飢餓の撲滅

 目標2:普遍的な初等教育の達成

 目標3:ジェンダーの平等の推進と女性の地位向上

 目標4:幼児死亡率の引き下げ

 目標5:妊産婦の健康状態の改善

 目標6:HIV/エイズ、マラリア、その他の疫病の蔓延防止

 目標7:環境の持続可能性の確保

 目標8:開発のためのグローバル・パートナーシップの構築

出典:国連広報センターホームページ

*免疫を低下させ、エイズ(後天性免疫不全症候群)をひきおこすウイルスのこと。

目標17では大きな目標（ゴール）のもとにターゲット＊（具体的な目標）が19個
つくられました。1～17の目標のなかで、もっともターゲットが多いのが目標17です。

ターゲットの解釈

　ターゲットは、各目標達成のためにすることをくわしく述べた項目です。ところが、ターゲットを理解するのは、英語でも日本語でもとてもむずかしい！　とくに目標17のターゲットは数も多く、むずかしく見えるかもしれません。

　でも、目標を達成しようとする各国の政府や国民にとって、くわしく書かれたターゲットがあることで、より具体的に何をめざすべきかがわかりやすくなります。そして、ターゲットの達成度合いを客観的に、多くの場合は数字であらわしているのが、232個の指標です。

　このシリーズでは各巻の最後に目標のターゲットの外務省仮訳にくわえて、できるだけわかりやすくした「子ども訳」をのせてあります（→p26、27）。

指標は、ゴールとターゲットがどの程度達成できているかを知るためにつくられたんだね。

●SDGs目標1「貧困をなくそう」の指標

指標	
1.1.1 国際的な貧困ラインを下回って生活している人口の割合	1.5.2 グローバルGDPに関する災害による直接的経済損失
1.2.1 各国の貧困ラインを下回って生活している人口の割合	1.5.3 仙台防災枠組み2015-2030に沿った国家レベルの防災戦略を採択し実行している国の数
1.2.2 各国の定義に基づき、あらゆる次元で貧困ラインを下回って生活している男性、女性及び子供の割合	1.5.4 国家防災戦略に沿った地方レベルの防災戦略を採択し実行している地方政府の割合
1.3.1 社会保障制度によって保護されている人口の割合	1.a.1 政府によって貧困削減計画に直接割り当てられた国内で生み出された資源の割合
1.4.1 基礎的サービスにアクセスできる世帯に住んでいる人口の割合	1.a.2 総政府支出額に占める、必要不可欠なサービス（教育、健康、及び社会的な保護）への政府支出総額の割合
1.4.2 (a) 土地に対し、法律上認められた書類により、安全な所有権を有している全成人の割合 (b) 土地の権利が安全であると認識している全成人の割合	1.a.3 貧困削減計画に直接割り当てられた助成金及び非譲渡債権の割合（GDP比）
1.5.1 10万人当たりの災害による死者数、行方不明者数、直接的負傷者数	1.b.1 女性、貧困層及び脆弱層グループに重点的に支援を行うセクターへの政府からの周期的な資本投資

＊SDGsでは17の目標それぞれに「ターゲット」とよばれる「具体的な目標」を決めている。

ターゲット

目標17のターゲットの分類

目標17のターゲットは、下のように7種類（①資金、②技術、③能力構築、④貿易、⑤体制、⑥マルチステークホルダー・パートナーシップ、⑦データ、モニタリング、説明責任）にわけられています。

27ページにあるように、ターゲットはどれもむずかしい言葉で書かれているせいで、かんたんには理解できませんが、目標17の達成度が、7種類19個のターゲットによってはかられているということは、理解しておきましょう。また、目標17は、SDGsの達成がむずかしいとされている開発途上国にとって、大変重要な目標です。先進国には、具体的にどのような支援・協力をおこなうことが必要とされているのか、ここで7種類のひとつひとつをかんたんに見てみましょう。

●目標17のターゲットの分類

分類		ターゲット	分類		ターゲット
①資金	文字通り、資金の面での具体的な目標。	17.1	⑤体制	世界の国ぐにの政策協調など、体制面での具体的な目標。	17.13
		17.2			17.14
		17.3			17.15
		17.4	⑥マルチステークホルダー・パートナーシップ	「ステークホルダー」とは、企業や消費者、投資家、労働者、NPO*など、社会のさまざまな立場にある組織や個人が参加して、学び、協力しあう際のそれぞれの組織や個人のこと。さまざまなステークホルダーが対等な立場で参加するのが、「マルチステークホルダー」である。その多種多様なマルチステークホルダーがパートナーシップを組む（なかまになる）上での具体的な目標。	17.16
		17.5			17.17
②技術	技術開発や技術指導など、技術の面での具体的な目標。	17.6			
		17.7			
		17.8			
③能力構築	個人や組織が必要とする知識や技術などを取得したり、改善したりする過程における目標。この過程を通じて、個人や組織はしだいに能力を高める。	17.9			
④貿易	先進国も開発途上国も対等な関係の貿易や、公正な貿易の増加など、貿易面での具体的な目標。	17.10	⑦データ、モニタリング、説明責任	あらゆるデータを集めたり、モニタリング（観察や観測、記録）をおこなったり、説明をしたりする上での具体的な目標。	17.18
		17.11			17.19
		17.12			

*営利を目的とせず、ボランティア活動などの社会貢献活動をおこなう団体。非営利団体のこと。

②「パートナー」とはどういうところ?

SDGs目標17に記されている「パートナーシップ (partnership)」とは、「友好的な協力関係」という意味ですが、ここでは、日本の「パートナー (協力関係者)」がどういうところかを見てみます。

パートナーシップの3つの分類

日本政府が政府開発援助 (ODA) をおこなう場合のパートナーは、つぎの3つにわけて考えることができます。

①日本国内の自治体や組織:日本の政府や政府機関はもちろん、都道府県や市町村、NGO*、企業、大学、研究機関などが、バラバラに支援をするのではない。それらが「パートナー」として協力し、開発途上国を支援する。

②ほかの先進国の政府や組織:日本政府は、ほかの先進国の政府や国際機関、NGOなどと情報共有、意見交換をし、協調しながら開発途上国を支援する。この場合、日本政府は、先進国のNGOなどに資金を出すこともある。

③支援を受ける国の政府や組織:支援する側と支援を受ける側が対等の立場で情報を共有、意見を交換して協調しながら、開発途上国の開発を支援する。また、SDGsの達成に役立つさまざまな事業を協力しておこなう。

●日本政府のパートナー

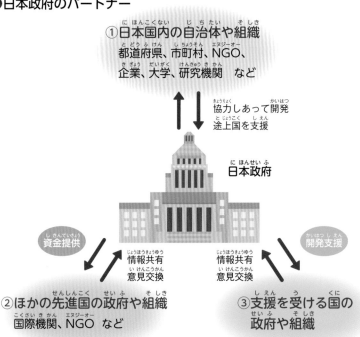

①日本国内の自治体や組織
都道府県、市町村、NGO、企業、大学、研究機関　など

協力しあって開発
途上国を支援

日本政府

資金提供

情報共有
意見交換

情報共有
意見交換

開発支援

②ほかの先進国の政府や組織
国際機関、NGO　など

③支援を受ける国の政府や組織

14　*政府間協定によらずに設立された民間の国際協力組織。非政府組織のこと。

支援の対象国

ODAの対象国は、1人あたり国民総所得が1万2235ドル以下の国です。その数は、現在は141か国あります（2020年時点）。

SDGs目標17では、141か国のなかで1人あたり国民総所得が1025ドル以下のとくに経済状況のきびしい国（後発開発途上国→p6）に対しては、特別の配慮で国際支援がおこなわれるように求めています。多くは、サハラ砂漠*1以南のアフリカや、太平洋やカリブ海などの小さな島国（小島嶼開発途上国*2）にあります。

*1 アフリカ大陸北部を東西によこぎる世界最大の砂漠。
*2 小さな島を国土とする開発途上国。人口が少ない、自然災害に弱いなどの問題をかかえている。

もっとくわしく

どの国を支援するか？

ODAをおこなっている国がどの国を援助するかは、その国の地理や歴史的背景、外交政策などにもよる。たとえば、フランスは、かつて植民地*3としていたアフリカの国ぐにを中心に援助してきた。日本は、戦争で迷惑をかけたアジアの国ぐにからODAをはじめてきた。しかし、近年のきびしい日本の財政事情からODAに対する国民の見方にも変化が見られ、目ざましい経済成長をとげている中国に対するODAは2020年度末に終了することとなった。

*3 外国の領土とされ、その外国の管理下に置かれた地域。

太平洋に浮かぶキリバスは、小島嶼開発途上国の1つ。人口の半数が貧困層にあたり、貧困問題や、資源の少なさ、温暖化による浸水の影響など、さまざまな問題をかかえている。

③ 主な先進国によるODA

政府開発援助（ODA）は、国内総生産（GDP*→p21）が大きい国がおこなっているように思われがちですが、実際にはどうでしょうか。ここでは、ODAとGDPの関係を見てみます。

*ある国で1年間に生みだされたものやサービスの合計額。その国がどれくらい豊かであるかの目安になる。

ODA世界ランキング

表1は、ODA援助総額の世界ランキングの上位10か国で、表2は、GDPの上位10か国です。この2つの表をくらべてみると、やはりGDPが大きい国がODAの総額も大きいことがわかります。

現在、世界でいちばん多くODAをおこなっているのは、GDPが世界1位のアメリカ。ついでGDP4位のドイツ、6位のイギリス、3位の日本の順になっています。

ところが、ODAの国民1人あたりの負担額の世界ランキングを示した右ページの表3を見ると、ようすがだいぶちがっています。GDP総額としては世界1位のアメリカが19位に、逆に29位のノルウェーが1位になっています。このことから、GDP総額が比較的小さくても、1人あたりの国民総所得（表4）の高い豊かな先進国は、1人あたりのODA負担額も多いことがわかります。

●主要援助国のODA実績（2019年）（表1）

順位	国名	総額（ドル）
1	アメリカ	346億
2	ドイツ	265億
3	イギリス	195億
4	日本	188億
5	フランス	146億
6	スウェーデン	54億
7	オランダ	53億
8	カナダ	47億
9	ノルウェー	43億
10	スイス	31億

出典：外務省「2019年におけるDAC諸国の政府開発援助(ODA)実績(暫定値)」より

●GDP総額（2019年）（表2）

順位	国名	総額（ドル）
1	アメリカ	21兆3744億
2	中国	14兆3429億
3	日本	5兆818億
4	ドイツ	3兆8456億
5	インド	2兆8751億
6	イギリス	2兆8271億
7	フランス	2兆7155億
8	イタリア	2兆12億
9	ブラジル	1兆8398億
10	カナダ	1兆7364億

出典：外務省「主要経済指標 2020年11月」より

●主要援助国の1人あたりODA負担額（2018年）（表3）

順位	国名	額（ドル）	順位	国名	額（ドル）
1	ノルウェー	798.8	16	オーストラリア	124.0
2	ルクセンブルク	776.0	17	ニュージーランド	113.7
3	スウェーデン	571.7	18	日本	112.0
4	デンマーク	445.8	19	アメリカ	104.4
5	スイス	363.1	20	イタリア	85.9
6	オランダ	327.1	21	スペイン	60.5
7	ドイツ	300.9	22	韓国	45.6
8	イギリス	292.3	23	スロベニア	40.3
9	アイスランド	212.0	24	ポルトガル	40.0
10	ベルギー	202.4	25	ハンガリー	29.1
11	アイルランド	192.2	26	チェコ	28.7
12	フランス	181.2	27	ギリシャ	27.0
13	フィンランド	178.3	28	スロバキア	25.3
14	オーストリア	132.4	29	ポーランド	19.9
15	カナダ	125.1			

出典：DAC統計（DAC Statistics on OECD. STAT）

●1人あたり国民総所得（2019年）（表4）

順位	国名	額（ドル）
1	スイス	8万5500
2	ノルウェー	8万2500
3	ルクセンブルク	7万3910
4	アイスランド	7万2850
5	アメリカ	6万5760
6	カタール	6万3410
7	デンマーク	6万3240
8	アイルランド	6万2210
9	シンガポール	5万9590
10	スウェーデン	5万5840
23	日本	4万1690

出典：外務省「主要経済指標 2020年11月」より

日本は、高度経済成長によって急速な成長をとげて以来、
先進国としてアジアの国ぐにをリードしてきた。

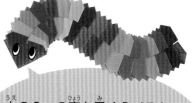

上の2つの表を見くらべると、
1人あたりの国民総所得が高い国は、
1人あたりのODA負担額も
多いことがわかるね。

④日本の開発協力のようす

戦後急速に経済成長をとげた日本は、1954年以来ODAに積極的に取りくんできました。1990年代になると、世界でいちばん多額のODAをおこなう国（ODA供与国）となりました。

2019年は世界第4位

かつて世界一のODA供与国だった日本は、近年の財政難などにより、ODAの金額がしだいに減少してきました。それでも2019年には、アメリカ、ドイツ、イギリスについで、世界第4位のODA供与国となっています（→p16）。

開発途上国を支援する3つの理由

日本は、どうしてODAを続けるのでしょう。その答えは主につぎの3つです。

①困っている人を支援するのは、人間として当然だから（人道的な精神）。現在、世界で8億人以上が飢えに苦しみ、8000万人が家を追われて食うや食わずの生活をしているのを放っておけない。日本も第二次世界大戦後、海外から援助を得て復興をとげ、発展してきた（東名高速道路や東海道新幹線なども、世界銀行（→p30）の借款*でできた）。

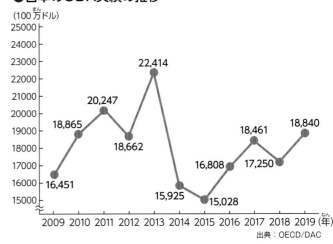

●日本のODA実績の推移
（100万ドル）

- 2009: 16,451
- 2010: 18,865
- 2011: 20,247
- 2012: 18,662
- 2013: 22,414
- 2014: 15,925
- 2015: 15,028
- 2016: 16,808
- 2017: 18,461
- 2018: 17,250
- 2019: 18,840

出典：OECD/DAC

②助けあいが必要だから。現代はすべての国が密につながっているため、外国を助けることはめぐりめぐって自国を助けることになる。

③エボラ出血熱や新型コロナウイルスなどによる感染症や、気候変動など、世界全体に影響する問題は、一部の国だけでは解決できないから。これらの問題に対しては、世界中の国が力をあわせて取りくまなければならない。

*国と国、国と国際組織など、国際的におこなわれるお金の貸し・借りのこと。

どの国がどの国を支援しているの？

ODAをおこなっている国がどの国を支援するかは、
どの国なら自国の支援をより生かせるかなどのほか、地理や歴史（→p15）、
そしてどの国との関係を大事にする方針かにもよります。

●国別のODAの相手上位10か国（2018年*）

アメリカ

順位	国・地域名	ODA額
1	ヨルダン	1,141.32
2	アフガニスタン	922.05
3	ナイジェリア	845.80
4	ケニア	834.70
5	エチオピア	823.39
6	シリア	696.85
7	南スーダン	683.60
8	タンザニア	661.56
9	ウガンダ	616.95
10	イエメン	599.34

ドイツ

順位	国・地域名	ODA額
1	インドネシア	1,203.90
2	インド	876.49
3	中国	806.29
4	シリア	768.77
5	コロンビア	558.04
6	エジプト	504.43
7	イラク	502.49
8	トルコ	439.79
9	アフガニスタン	438.05
10	ヨルダン	367.07

イギリス

順位	国・地域名	ODA額
1	パキスタン	444.43
2	エチオピア	403.39
3	ナイジェリア	399.30
4	アフガニスタン	332.95
5	シリア	319.88
6	コンゴ民主共和国	271.72
7	ソマリア	258.48
8	バングラデシュ	255.38
9	イエメン	221.92
10	タンザニア	204.81

日本

順位	国・地域名	ODA額
1	インド	2,231.91
2	バングラデシュ	1,297.71
3	ベトナム	673.85
4	インドネシア	637.77
5	フィリピン	562.50
6	イラク	555.01
7	ミャンマー	536.90
8	エジプト	294.58
9	タイ	270.82
10	ケニア	224.12

フランス

順位	国・地域名	ODA額
1	コロンビア	508.53
2	インドネシア	455.49
3	コートジボワール	384.99
4	モロッコ	375.00
5	カメルーン	366.79
6	インド	351.61
7	トルコ	294.10
8	セネガル	246.77
9	エジプト	168.59
10	中国	159.13

スウェーデン

順位	国・地域名	ODA額
1	アフガニスタン	146.32
2	タンザニア	127.11
3	ソマリア	107.26
4	エチオピア	79.95
5	コンゴ民主共和国	79.40
6	モザンビーク	79.38
7	シリア	73.81
8	パレスチナ	61.63
9	ウガンダ	60.21
10	ザンビア	58.73

オランダ

順位	国・地域名	ODA額
1	レバノン	82.33
2	エチオピア	78.80
3	南スーダン	70.40
4	アフガニスタン	54.91
5	マリ	48.93
6	シリア	48.69
7	イラク	48.42
8	イエメン	48.41
9	バングラデシュ	47.58
10	ルワンダ	47.12

カナダ

順位	国・地域名	ODA額
1	アフガニスタン	126.60
2	シリア	109.15
3	エチオピア	90.61
4	バングラデシュ	89.28
5	ハイチ	89.09
6	ヨルダン	87.96
7	マリ	86.30
8	イラク	76.44
9	セネガル	72.00
10	ガーナ	69.71

ノルウェー

順位	国・地域名	ODA額
1	シリア	123.56
2	アフガニスタン	97.78
3	ブラジル	84.31
4	パレスチナ	78.59
5	南スーダン	76.26
6	ソマリア	66.79
7	レバノン	64.85
8	エチオピア	64.40
9	マラウイ	58.86
10	コロンビア	50.64

スイス

順位	国・地域名	ODA額
1	ネパール	47.73
2	ミャンマー	39.52
3	ブルキナファソ	35.33
4	コロンビア	34.50
5	ベトナム	34.35
6	マリ	33.40
7	アフガニスタン	32.49
8	シリア	31.48
9	タンザニア	31.40
10	ウクライナ	31.35

（ODA額の単位：百万ドル）

このページの資料から、現在の国際関係、世界情勢が見えてくる気がするね。

*スイスのみ2016年のデータ（「2017年版 開発協力参考資料集」より）。

出典：外務省「2019年版 開発協力参考資料集」より

⑤日本の目標17達成度

日本の開発途上国支援の相手は、アジアの国ぐにが中心です。
目的はインフラの整備や技術支援などに重きをおいています。
これらの国ぐにの飛躍的な成長に見られるように、
大きな成果をあげています。しかし、まだ課題も残されています。

目標17の達成は道なかば

国連は、国ごとのSDGsの達成度を公表していません。日本のODA総額は世界で第4位ですが、あるグループ*が作成したSDGs達成状況に関する報告書では、下の図のように日本は目標4、目標9、目標16は「達成済み」とされる一方で、目標5、目標13、目標14、目標15、目標17については「大きな課題が残されている」ときびしい評価を受けています。

●日本のSDGs達成度（2020年）

SDGs17の目標について、どの程度達成しているかを4段階で評価。評価の高い順に緑色➡黄色➡オレンジ色➡赤色となっている。

*「ベルテルスマン財団」と「持続可能な開発ソリューション・ネットワーク（SDSN）」。

日本のODAによって浜辺に建設された魚市場（タンザニア・ダルエスサラーム）。建設前は、砂浜に魚をならべて取引がおこなわれており、流通や衛生面に問題をかかえていた。

写真提供：久野真一／JICA

政府開発援助の対GNI比

目標17のターゲット（17.2）には、「政府開発援助の対GNI比（→p30）」について「先進国は、開発途上国に対するODAをGNI比0.7％に、後発開発途上国に対するODAをGNI比0.15〜0.20％にする」（→p27）と書かれています。しかし、日本のODAの対GNI比は、2016年の0.20％から2019年には0.29％まで増加したものの、ターゲットに示されている0.7％とはまだ開きがあります。つまり、日本のODAをまだ大幅にふやすことが求められているのです。

もっとくわしく

GDPとGNI

GDPとは、国内総生産（Gross Domestic Product）の略称で、ある国のなかで1年間にものやサービスがどれだけ生産されたかをあらわす。一方GNIとは、国民総所得（Gross National Income）の略称で、ある国に住む者（人や企業）が1年間にどれだけの所得を得たかを示すもの。GNIは、GDPに海外からの所得（外国にある企業から受けとる配当金など）を加え、海外に出ていった所得（日本企業が外国に住む株主に払う配当金など）を差しひいて計算される。

⑥目標17の達成のために

目標17の達成のためには、世界中の人たちがパートナーシップをより充実させていかなければなりません。それが「グローバル・パートナーシップを活性化する (→p10)」の意味なのです。

先進国も開発途上国も

いま世界には、さまざまな問題を自国だけで解決するのがむずかしい開発途上国もあれば、急速に経済成長をしている新興国、資金も技術もある先進国もあります (→p6、7)。でも、すべての国が一丸となって努力していかなければ、地球は、世界は、そして人類は、やっていけません（持続不可能）。国際支援というと、政府開発援助（ODA）など先進国から開発途上国への支援が中心ですが、開発途上国が先進国に対し、パートナー (→p14) として協力することも重要です。たとえば、全世界の二酸化炭素の排出量を決めた際、「先進国はこれまで二酸化炭素を排出して経済成長をとげてきたのだから、自分たちも同じようにしてもよいはずだ」といった主張をする開発途上国があります。でも、全世界がパートナーとしてSDGsの目標を達成するには、開発途上国も排出量をへらす努

力をすることが必要です。先進国は、開発途上国の努力を支えるためにも、開発途上国に対しより積極的に支援をおこなわなければならないのです。そうすることで、SDGs目標17にうたわれた「グローバル・パートナーシップの活性化」が実現していくわけです。

目標17とほかの目標との関連を示した「くもの巣チャート」。国際的な協力関係をうたった目標17は、ほかのすべての目標達成の基盤になっている。

日本の技術支援

これまで日本は、おもにODAにより開発途上国に対し積極的に支援活動をしてきました。そうしたなか、技術支援の面では、国際協力機構（JICA）＊が中心となって支援をおこなってきました。

JICAは、巻頭の絵本のように日本の高い技術を紹介したり、技術をもつ人材を派遣したりしてきました。2019年には、「中小企業・SDGsビジネス支援事業」として、SDGs目標17を意識した活動をより積極的にはじめました。

写真提供：久野真一／JICA

マダガスカルで最大の商業港であるトアマシナ港。日本が港の拡張事業を支援し、防波堤の延伸やコンテナヤードの拡張などをおこなった。

「カイゼン」と「もったいない」

「改善」というのは、「物事をよいほうに改めること」です。日本では、工場などの人たちがむだをなくしたり、創意工夫をしたりして、品質の高い仕事をすることとしてこの言葉をつかっています（「カイゼン」活動→p28）。

「カイゼン」活動は、日本製品が世界で信頼される背景の1つとなってきました。一方、「カイゼン」活動を開発途上国に広めることも、日本の技術支援の一環としておこなわれてきました。

「もったいない」という日本人の考えかたも、近年、世界中に知れわたり、技術支援活動に取りいれられるようになりました（→『生産と消費』の巻）。

もっとくわしく

日本企業の「カイゼン」活動

トヨタ自動車は、先駆けて「カイゼン」活動をおこなう日本企業の1つ。各工程で必要なものを必要な量だけ効率よく生産する「トヨタ生産方式」を実践している。

＊日本のODAを担い、世界中で開発途上国の支援をおこなう行政機関（独立行政法人）。

⑦ わたしたちにできること

SDGsは全人類の目標です。わたしたちにも役割を果たすことが求められています。でも、目標17のターゲットは個人レベルで取りくむのがむずかしいものが多くあります (→p13)。
わたしたちは、目標17のために何ができるでしょうか。

理解し伝える

わたしたちにできることは、まずは、世界のこと、とくに開発途上国のことについて、また、世界と日本の関係について理解すること。目標17では、パートナー (→p14) がどんな事情をかかえていて、何にこまっているのかを知らなくては行動しようがありません。日本ができることでいえば、公害や災害を克服してきた経験などについてよく理解することです。そして、その教訓を世界に伝えることが大事です。

目標13 (気候変動) などは、目標17と同じく、日本の到達度は低いとする評価もあります。しかし、経済規模 (GDP)

あたりの二酸化炭素排出量 (→p30) の少なさでは、日本はスイスやスウェーデンとならんでトップクラスです。経済規模の拡大をめざす開発途上国にとって、日本の経験は、とても参考になるといいます。

みんなで学ぶ

目標17は、すべての目標に関連しています。そのため、全目標にわたる知識がなければ、目標17を自分のこととして取りくむことができません。もちろん、エネルギー、経済成長、気候変動といった、むずかしいテーマをすべて理解するのは、おとなでも困難です。そのため、自分だけで全部学習しようとするのではなく、家族や友だちといっしょに学んでいくのがよいでしょう。みんなと意見をかわすこと自体が、目標17のパートナーシップを実践することになるのです。

将来の夢は?

SDGsの目標達成の期限は、2030年と定められました。この本が発行される9年後です。9年ののちは、多くの小中学生もおとなになっています。小中学生のころに勉強したことを生かして、実際に国際的な協力活動に参加する人もきっといるはずです。いまからNGOなどがおこなうボランティア活動に参加することが、かならず将来に役立ちます。目標17のパートナーシップがより身近に感じられるはずです。

将来外務省やJICA、国連機関などで仕事をしたいといった夢をもつ人もいるでしょう。将来の仕事について考えることが、大事です。

SDGsのイメージを折り紙でつくろう!

このシリーズのさいごに、折り紙をつくってみましょう。「奴さん」を17人折って、SDGsの目標達成に取りくむみなさんの決意をあらわしてみましょう。

●奴さんの折りかた

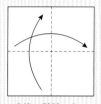
❶矢印の方向に折り、折り目をつける。

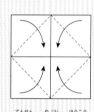
❷点線で矢印の方向に折る。

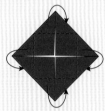
❸点線でうしろに折る。

❹点線で矢印の方向に折る。

❺裏がえす。

❻3か所の袋を開いて広げて、つぶすように折る。

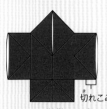
❼そでの半分まで切れこみを入れて、1人完成。SDGsの17色の折り紙で17人つくる。

切れこみ

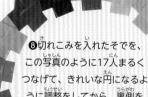
❽切れこみを入れたそでを、この写真のように17人まるくつなげて、きれいな円になるように調整をしてから、裏側を1つずつセロハンテープでとめれば完成。

完成だよ!

SDGsの全169個のターゲット（→p12）は、もともと英語で書かれていました。それを外務省が日本語にしたのが右ページの　　のもの。むずかしい言葉が多いので、このシリーズでは、ポイントをしぼって「子ども訳」をつくりました。

17.1　積極的に国内の資源を集める。

17.2　ODAに責任をもってかかわっていく。

17.3　複数の財源で開発途上国を支援する。

先進国が、開発途上国に積極的に投資をおこなう必要がある。

17.4　開発途上国が借金で苦しまないようにする。

17.5　後発開発途上国（→p6）への投資をすすめる枠組をつくり、実行する。

後発開発途上国の開発のために、さまざまな資金源を活用していくことが求められている。

17.6　科学技術イノベーション*に関する南北協力、南南協力、三角協力（→p30）の向上をはかり、みんなが新しい科学技術を利用できるようにする。

17.7　開発途上国に対し、環境に配慮した技術の開発などを促進する。

17.8　2017年までに、技術バンク（→p30）を運用し、後発開発途上国が進んだ技術を利用できるようにする。

17.9　開発途上国の能力向上のため国際的な支援をおこなう。

17.10　WTO（→p30）のもとで公平な貿易体制を促進する。

17.11　開発途上国（とくに後発開発途上国）の輸出を大幅にふやす。

17.12　後発開発途上国が有利な条件で輸出できるようにする。

17.13　世界的に経済を安定させる。

17.14　持続可能な開発のための政策を一貫させる。

17.15　貧困撲滅と持続可能な開発のための政策実施には各国のリーダーシップを尊重する。

＊科学的な発見や発明などを発展させることによって、経済や社会にもたらされる革新のこと。

子ども訳

17.16　SDGsの達成を進めるためにパートナーシップを強化する。

17.17　人や組織間の協力を進める。

17.18　2020年までに、開発途上国のSDGsに関連するデータを集める能力を強化する。

17.19　SDGs達成度をはかる新たな基準をつくり、開発途上国の統計に関する能力を強化する。

公的機関と民間の企業などとの協力関係をおしすすめる。

目標17のターゲット（外務省仮訳）

17.1　課税及び徴税能力の向上のため、開発途上国への国際的な支援なども通じて、国内資源の動員を強化する。

17.2　先進国は、開発途上国に対するODAをGNI比0.7%に、後発開発途上国に対するODAをGNI比0.15～0.20%にするという目標を達成するとの多くの国によるコミットメントを含むODAに係るコミットメントを完全に実施する。ODA供与国が、少なくともGNI比0.20%のODAを後発開発途上国に供与するという目標の設定を検討することを奨励する。

17.3　複数の財源から、開発途上国のための追加的資金源を動員する。

17.4　必要に応じた負債による資金調達、債務救済及び債務再編の促進を目的とした協調的な政策により、開発途上国の長期的な債務の持続可能性の実現を支援し、重債務貧困国（HIPC）の対外債務への対応により債務リスクを軽減する。

17.5　後発開発途上国のための投資促進枠組みを導入及び実施する。

17.6　科学技術イノベーション（STI）及びこれらへのアクセスに関する南北協力、南南協力及び地域的・国際的な三角協力を向上させる。また、国連レベルをはじめとする既存のメカニズム間の調整改善や、全世界的な技術促進メカニズムなどを通じて、相互に合意した条件において知識共有を進める。

17.7　開発途上国に対し、譲許的・特恵的条件などの相互に合意した有利な条件の下で、環境に配慮した技術の開発、移転、普及及び拡散を促進する。

17.8　2017年までに、後発開発途上国のための技術バンク及び科学技術イノベーション能力構築メカニズムを完全運用させ、情報通信技術（ICT）をはじめとする実現技術の利用を強化する。

17.9　全ての持続可能な開発目標を実施するための国家計画を支援するべく、南北協力、南南協力及び三角協力などを通じて、開発途上国における効果的かつ的をしぼった能力構築の実施に対する国際的な支援を強化する。

17.10　ドーハ・ラウンド（DDA）交渉の結果を含めたWTOの下での普遍的でルールに基づいた、差別的でない、公平な多角的貿易体制を促進する。

17.11　開発途上国による輸出を大幅に増加させ、特に2020年までに世界の輸出に占める後発開発途上国のシェアを倍増させる。

17.12　後発開発途上国からの輸入に対する特恵的な原産地規則が透明で簡略的かつ市場アクセスの円滑化に寄与するものとなるようにすることを含む世界貿易機関（WTO）の決定に矛盾しない形で、全ての後発開発途上国に対し、永続的な無税・無枠の市場アクセスを適時実施する。

17.13　政策協調や政策の首尾一貫性などを通じて、世界的なマクロ経済の安定を促進する。

17.14　持続可能な開発のための政策の一貫性を強化する。

17.15　貧困撲滅と持続可能な開発のための政策の確立・実施にあたっては、各国の政策空間及びリーダーシップを尊重する。

17.16　全ての国々、特に開発途上国での持続可能な開発目標の達成を支援すべく、知識、専門的知見、技術及び資金源を動員、共有するマルチステークホルダー・パートナーシップによって補完しつつ、持続可能な開発のためのグローバル・パートナーシップを強化する。

17.17　さまざまなパートナーシップの経験や資源戦略を基にした、効果的な公的、官民、市民社会のパートナーシップを奨励・推進する。

17.18　2020年までに、後発開発途上国及び小島嶼開発途上国を含む開発途上国に対する能力構築支援を強化し、所得、性別、年齢、人種、民族、居住資格、障害、地理的位置及びその他各国事情に関連する特性別の質が高く、タイムリーかつ信頼性のある非集計型データの入手可能性を向上させる。

17.19　2030年までに、持続可能な開発の進捗状況を測るGDP以外の尺度を開発する既存の取組を更に前進させ、開発途上国における統計に関する能力構築を支援する。

モノづくり大国といわれる日本の製造業発展に大きな役割を果たしてきた活動の1つに、「カイゼン（改善）」活動があります。JICAはこれまで30か国以上で「カイゼン」の支援をおこなってきました。「カイゼン」は、いまや世界的に認知された言葉になっているのです。

「カイゼン」活動とは？

「カイゼン」とは、日本で独自に発展してきた品質や生産性の向上にかかわる手法のことです。生産現場のあらゆるもの・ことを見なおし、問題点を発見していくことで、作業の効率や安全性、品質を高めるのです。「カイゼン」活動は、従業員のこれまでの考えかたや作業のしかたをかえることからはじまり、経営者から現場の作業員まですべての人がかかわり、コツコツとつみあげていく継続的な取りくみです。新たな投資がなくてもおこなえることから、保険・医療・教育・行政など幅広い分野で採用され、開発途上国の社会発展に貢献しています。

● 各国での「カイゼン」事例

エチオピア（産業）

工業化へ向けて経済構造の転換をめざすエチオピアでは、品質・生産性の向上が課題となっている。2011年には、「カイゼン」こそが成長のかぎだと考えたエチオピア政府により、「エチオピアカイゼン機構（EKI）」が設置され、JICAの支援を通じてカイゼン指導がおこなわれてきた。その結果、200社以上でカイゼンが実施され、生産性向上に効果をあげることができた。

カイゼン指導を受ける現地の職員。

タンザニア（保険）

保険医療サービスの質の向上は、開発途上国が直面するもっとも重要な課題の1つ。タンザニアではつねに資源が不足しているなか、公的医療サービスの質の課題をかかえていた。そこで「カイゼン」を導入したところ、スタッフの仕事の効率の向上、患者の待ち時間の短縮、期限切れ薬品の削減など、多くの具体的な効果をあげることができた。

「カイゼン」によって整理された棚。

SDGs関連資料②

国連はSDGsの実施状況が確認できるよう、毎年進捗状況を発表しています。世界的な目標に目を向けるための第一歩として、ここでは2020年の目標17に関する評価を、英語の原文と日本語で紹介します。むずかしいところは先生に聞きながら読んでみましょう。

● 英語の原文

"Support for implementing the SDGs has been steady but fragile, with major and persistent challenges. Financial resources remain scarce,

trade tensions have been increasing, and crucial data are still lacking. The COVID-19 pandemic is now threatening past achievements, with trade, foreign direct investment and remittances all projected to decline. The pandemic also appears to be accelerating existing trends of global value chain decoupling. One of the few bright spots at this time is the increased use of technology as people flock to the Internet to work, shop and connect with others, but even this draws attention to a still-enormous digital divide. Containing COVID-19 requires the participation of all Governments, the private sector, civil society organizations and ordinary citizens around the world. Strengthening multilateralism and global partnership are more important than ever."

出典：「The Sustainable Development Goals Report 2020」より

● 日本語訳

　SDGs実施のための支援は着実におこなわれてきたが、不安定で、大きくて根強い困難をかかえている。資金は依然としてとぼしく、貿易をめぐる緊張は高まり、重要なデータはいまだに不足している。新型コロナウイルス感染症の世界的大流行によって、これまでに達成された成果がおびやかされている。貿易、海外直接投資及び外国送金はいずれも減少が見こまれており、世界的なバリュー・チェーン*の分断も加速されているようである。現時点で明るい出来事は少ないが、人びとが仕事や買い物・交流のためにインターネットを多用し、技術の活用が進んでいることは、明るい出来事の1つだといえるだろう。しかしこのことにより、依然として大きなデジタル格差に注目が集まることになった。新型コロナウイルスをおさえこむには、すべての政府、民間部門、市民社会組織に加えて、世界中の一般の人びとの参画が求められている。多国間主義と世界的なパートナーシップを強化することが、これまで以上に重要である。

＊原料調達→製造→流通→販売などの一連の業務の流れのこと。

■SDGs関連用語解説

政府開発援助（ODA） ……… 11、14、15、16、17、18、19、20、21、22、23、26

ODAは、英語の Official Development Assistance の略称。開発途上国の開発のために、政府やJICAなどの関係機関が国際協力活動をおこなうための公的な資金援助のこと。この資金を開発途上国や国際機関に贈与したり、貸したり、この資金をつかって技術支援などをおこなったりする。

（後発開発途上国のための）技術バンク ………… 26

後発開発途上国の社会・経済開発を支援するため、科学・技術・イノベーションに関する情報を共有し、技術の提供や協力、指導を促進するネットワークを構築することを目的とするプロジェクト。2018年にトルコに設置された。

GNI比 …………………………………………… 21

先進国のODA供与額は通常はODA総額で計る。これとは別に、先進国がその国民総所得（GNI）のうち、どのくらいの割合をODAにつかっているのかを計るための指標。

GDPあたりの二酸化炭素排出量 ……………… 24

一般的に、経済が成長すればするほど二酸化炭素の排出量はふえるといわれている。しかし、近年、地球温暖化やエネルギー問題などから、経済成長と同時に、二酸化炭素の排出量を減少させることが重要視されるようになってきた。2018年度の日本の二酸化炭素排出量は、12億4400万トン。GDPあたりの二酸化炭素の総排出量は、2013年度以降、6年連続で減少している（環境省「2018年度の温室効果ガス排出量（速報値）＜概要＞」より）。

世界銀行 …………………………………… 18

世界銀行（英語で The World Bank）は189か国（2021年現在）が加盟する国際機関。貧しい国ぐにの経済を強化して世界の貧困を削減し、経済成長と開発を促進することによって人びとの生活水準を改善するのが目的。
世界銀行グループは、国際復興開発銀行（IBRD）、国際金融公社（IFC）、国際開発協会（IDA）、国際投資紛争解決センター（ICSID）、多数国間投資保証機関（MIGA）という5つの機関から成りたっている。

WTO …………………………………………… 26

WTOとは、英語の World Trade Organization の略称で世界貿易機関のこと。164か国（2021年現在）が加盟する国際機関。WTOでは各国が自由にモノやサービスの貿易ができるようにするためのルールを決めたり、物品や農産品などの分野ごとに関税率などの交渉や協議を実施する場を設けたりしている。また、WTOには、貿易についての加盟国間の紛争を解決するための紛争解決制度がつくられている。

南北協力・南南協力・三角協力 ……………… 26

先進国のほとんどが北半球にあり、開発途上国の多くが南半球にあるので、先進国から開発途上国に対する開発協力は、南北協力（南の国が北の国から協力してもらう）とよばれる。
南南協力とは、開発途上国のなかでも一定の分野で開発の進んでいる国が、ほかの開発途上国に協力すること。また、ある開発途上国が、先進国から学んだ技術や経験を生かし、先進国の資金協力や機材の供与などを得つつ、ほかの開発途上国に対して協力することを、三角協力とよぶ。この三角協力の枠組みで、先進国から移転された技術を身につけた開発途上国が、言語や文化などの似た別の開発途上国を支援すれば、技術の移転が円滑におこなわれることが期待される。

※数字は、関連用語がのっているページを示しています。

さくいん

■著
渡邉 優（わたなべまさる）
1956年東京生まれ。東京大学卒業後、外務省に入省。大臣官房審議官、キューバ大使などを歴任。退職後、知見をいかして国際関係論の学者兼文筆業へ。『ゴルゴ13』の脚本協力も手がける。著書に『知られざるキューバ』（ベレ出版）、『グアンタナモ　アメリカ・キューバ関係にささった棘』（彩流社）などがある。外務省時代の経験・知識により「SDGs子ども大学運動」の支柱の1人として活躍。日本国際問題研究所客員研究員、防衛大学校教授、国連英検特A級面接官なども務める。

■協力
稲葉茂勝（いなばしげかつ）
1953年東京生まれ。東京外国語大学卒。本シリーズ1～17巻の著者。著書は80冊以上。近年子どもジャーナリスト（Journalist for Children）として活動。2019年にNPO法人子ども大学くにたちを設立し、同理事長に就任して以来「SDGs子ども大学運動」を展開している。

■表紙絵
黒田征太郎（くろだせいたろう）
ニューヨークから世界へ発信していたイラストレーターだったが、2008年に帰国。大阪と門司港をダブル拠点として、創作活動を続けている。著書は多数。2019年には、本書著者の稲葉茂勝とのコラボで、手塚治虫の「鉄腕アトム」のオマージュ『18歳のアトム』を発表し、話題となった。

■絵本
絵：さいとう・たかを
1936年大阪府出身。1955年『空気男爵』（日の丸文庫）でデビュー。1976年に第21回小学館漫画賞、2002年に第31回日本漫画家協会賞大賞を受賞した『ゴルゴ13』は、現在も「ビッグコミック」（小学館）にて連載中。2003年に紫綬褒章、2010年に旭日小綬章を受章。

協力：さいとう・プロダクション

■編さん
こどもくらぶ
編集プロダクションとして、主に児童書の企画・編集・制作をおこなう。全国の学校図書館・公共図書館に多数の作品が所蔵されている。

■編集
津久井 惠（つくいけい）
40数年間、児童書の編集に携わる。現在フリー編集者。日本児童文学者協会、日本児童文芸家協会、季節風会員。

■G'sくん開発
稲葉茂勝
（制作・子ども大学くにたち事務局）

■地図
周地社

■装丁・デザイン
矢野瑛子・佐藤道弘

■DTP
こどもくらぶ

■イラスト協力（p26-27）
ウノ・カマキリ

■写真協力
p10：Newscom/アフロ
p15：©Trentinness ¦ Dreamstime.com
p17：まちゃー/PIXTA（ピクスタ）
p23：トヨタ自動車株式会社
p24：Fast&Slow / PIXTA（ピクスタ）
p28：写真提供：JICA

SDGsのきほん　未来のための17の目標⑱ パートナーシップ 目標17　　　N.D.C.329

2021年3月　第1刷発行　　2022年4月　第3刷

著　　　渡邉 優
発行者　千葉 均　　編集　堀創志郎
発行所　株式会社ポプラ社
　　　　〒102-8519　東京都千代田区麹町4-2-6
　　　　ホームページ　www.poplar.co.jp
印刷・製本　図書印刷株式会社

Printed in Japan
©Masaru Watanabe 2021

31p 24cm
ISBN978-4-591-16750-2

●乱丁・落丁本は、おとりかえいたします。電話（0120-666-553）または、
　ホームページ（www.poplar.co.jp）のお問い合わせ一覧よりご連絡ください。
　電話の受付時間は、月～金曜日10時～17時です（祝日・休日は除く）。
●本書のコピー、スキャン、デジタル化等の無断複製は著作権法上での例外を除き禁じられています。
　本書を代行業者等の第三者に依頼してスキャンやデジタル化することは、たとえ個人や家庭内での利用であっても著作権法上認められておりません。
●本書に掲載したQRコードからの動画の閲覧や資料のダウンロードは、予告なく終了する場合があります。

P7219018

著者からのメッセージ

　目標17のテーマ「パートナーシップで目標を達成しよう」にあげられた「パートナーシップ」について、この本では、世界全体を視野に入れながら、主に先進国と開発途上国のあいだのパートナーシップに焦点をあてました。

　「現在の世界は、広くてバラバラ、でも、同時にせまくてみんなが結びついている」というと、みなさんは、「えっ、どういうこと！？」とびっくりするのではないでしょうか。

　世界には大きな国や小さな国、豊かな国や貧しい国など、ずいぶんちがう国が、190以上あります。70億の人口、7000以上の言語、数えきれない数の宗教や民族、文化や生活習慣……があって、広くてバラバラです。でも、今では、飛行機で遠い国にもすぐにいけるし、スマホをつかって地球の反対側にいる人ともいつでも話すことができます。身の回りには、日用品や食べ物など、世界中からやってくるものがあふれています。でも、よいことばかりではありません。新型コロナウイルスのような感染症が、あっという間に世界中に広まってしまいます。廃棄物が世界中につながっている海をわたって遠くの国をよごしてしまいます。これが「せまくてみんなが結びついている世界」です。

　現在の世界では、よいことも悪いことも、すべての人が「自分のこと」として考えなければなりません。SDGsの目標はどれも、自分の国だけでは達成できません。世界の国ぐにとともに努力していくことが必要なのです。でも、「広くてバラバラ」な世界には、貧しかったり、自然条件がきびしかったりで、先進国と同じことができない国がたくさんあります。

　じつは、このような国ぐにもふくめて、どの国（国民）ともパートナーとしていっしょに取りくんでいかなければならないと強調しているのが、目標17なのです。目標17は、わたしたちに「広くてバラバラ」だけれど「せまくてみんなが結びついている」世界を再認識させてくれています。

　わたしたちは、目標17を通して、世界にいろいろな国があって、異なる考え方や習慣をもつ人びとがいるという自覚を高め、一方で、どのように世界が結びついているかを学び、世界を見る目をやしなっていきたい！　わたしは、こうした思いでこの本をつくりました。

渡邉　優

「SDGs全国子どもポスターコンクール」は、小中学生がSDGsの17の目標から描きたい目標を1つ選び、それを達成したいという思いをこめて描くものです。第1回には、北は北海道えりも町から南は沖縄県竹富島まで、全国各地から応募がありました。ここでは、小学生の部1845点、中学生の部667点、合計2512点のなかから選ばれた入賞作品を紹介します。

https://www.cu-kunitachi.or.jp/wp01/?page_id=88

SDGs全国子どもポスターコンクール

2020年度第1回入賞作品

審査員賞　8点

黒田征太郎
コラボdeSHOW

※下は黒田先生が少し描き足したものです。